U0093957

你認為自己為什麼會生在這個世界上呢？

「你認為自己為什麼會生在這個世界上呢？」
如果你不知道，想想看：做什麼能讓你感到滿腔熱情？
你希望這個世界怎麼改變，為什麼？

現在社會中所謂的人生勝利組，
常常以個人的身價或能否嫁入豪門作為依據，
但那只是外在形式的認同，
重點是：你是否認同自己這一生的付出與成就呢？

如果你對現況感到疲倦，想重新找到努力的動力與生存的勇氣，
那更應該去覺察：什麼才是你生命中最重要的事情？

如果光是在別人的眼中尋求成功、幸福、快樂、富足的定義，
這只會讓你如失根般在人生的海洋中漫無目的地漂流，
最後只為了存活下來就耗盡了大半輩子的力氣。

到底要如何才能看見此生的使命，
進而毫無顧忌地「做自己想做的事」呢？

你必須先深入內心世界，問問自己：我到底想要什麼？
事實上，「想」這個字還不夠強烈，你必須全心全意地渴望。

這個在你靈魂深處、你非常渴望的東西，是你獨享的，
而每個人也都有他們各自不同的冀求。

有些人永遠在生命中瀏覽別人的成功，
心裡卻對自己無法獲得相同的成就而覺得十分懊惱。
為什麼會有這種感覺呢？
因為他們不相信自己也有實現夢想的能力。

坦然面對自己最原始的渴望，別再輕易將成就拱手相讓。
唯有忠於自己的人，才能讓原生性格創造一生的價值，
那是你誕生於世的唯一使命
──實現你自己！

Be yourself,Don't worry about what others think！

by晨澤玲子in東京。

目錄 CONTENTS

Flower Story

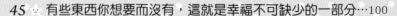

目錄 CONTENTS

Flower Story

01

即使登月不成，你仍在繁星之間。

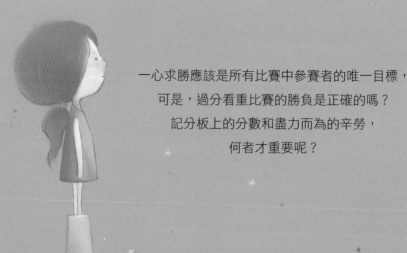

一心求勝應該是所有比賽中參賽者的唯一目標，
可是，過分看重比賽的勝負是正確的嗎？
記分板上的分數和盡力而為的辛勞，
何者才重要呢？

You are the brightest
star in the sky.

為了追求更多的成就，
這種強烈追求的企圖在心中生根發芽，
操縱了你的生活與靈魂。

事實上，
盡力準備的一場簡報，
應該比一間豪華的辦公室更珍貴；
用心教養出一個誠實體貼的孩子，
比訓練他成為一部考試機器更重要。

勝敗乃常事，不必人人都要搶著登月，
只要盡心盡力，
生命依舊星光點點、美好燦爛。

02

每一天都是一個新的開始。

當你在面對挫折的時候，
放棄往往是最容易選擇的一條路。

愛迪生的工廠曾經因一場大火付之一炬，
損失了難以估計的設備和所有的實驗心得。

隔日清晨，他在檢視焦黑的餘燼時說：
「災難自有存在的價值。
我所犯的錯誤已被全部燒毀，
如今又能重新開始。」

凡事可為，
用「再接再厲」重新檢視人生，
每一天都是一個新的開始。

Have a wonderful day!

03

生命不苦，苦的是你的心。

雖然，
生活有時確實很難熬，
但是，當你說：「日子真苦」時，
比起真正的重大意外，
可能只是一時的疲憊。

在生命中，
仍然存在著對你無私微笑的人，
和不斷帶給你希望或助益的小事。

不必抗拒生活的一切，
抱著慈悲心看世界，
好人、好事俯拾即是。

04

從今天起，做一個懂得說「不」的人。

你是否常常順應他人的要求，
將他人的需要放在第一位？

一個懂得說不的人，
或許無法照顧到每個人的需要，
或是符合自己在別人心中有求必應的形象。

I still have time to
enjoy life.

不過，這樣的人懂得堅持立場，
不會因陷溺於他人的需索無度中而備受壓迫。

雖然開口向別人說「不」並不容易，
但這是了解自己底線、保護自己的好方法。

站出來保護自己的權利，
而非成全他人的需求，
才不會偏離自己的心而受苦。

05

憂慮只會爲小事憑添陰影。

擔心往往可以把一件沒什麼的小事
渲染成一樁大事，
如重石般壓得你喘不過氣。
時間一久，
你可能會變成一個習慣憂慮的恐懼狂。

「這有多重要？」
當你憂慮時，這是一個好問題，
幫你把注意力聚焦在正確的方向上。

To focus on
what you can do.

你還可以思考：

「我目前可以做什麼？」

走出陰影，讓真相攤在陽光下，
原來這件事根本沒什麼大不了的嘛！

06

相信風水輪流轉，一切就會開始好轉。

常聽人家說：「人生中的低潮是高潮的前奏。」
你是否也曾懷疑過這個說法？

不過，與其為了身陷低谷悲嘆自憐，
不如明白：生命中的曲折起伏原本就是自然現象。

一旦面對順境、逆境都能平常心以待，
再大的波濤在你眼中就會變得微不足道——
因為不論現在的命運有多坎坷，都不會持久。

當你開始相信風水輪流轉的自然規律，
遇到一點點壞事，自己摸摸鼻子就算了，
遇到一點點好事，就是開始好轉的徵兆了！

Everything's gonna
be alright.

07

想獲得眞誠的愛，
必須先眞心接受自己。

大部分的人都只願意展現出自己「陽光」的一面，
而把恐懼、脆弱、不自在、羞愧、憤怒藏起來。

不過，只表現一部分的你，
就無法讓人認識你的全貌，
假面的你，自然也會與真誠的愛保持距離。

有時候，你必須先經歷脆弱，才學會堅強；
面對恐懼，才心生勇氣；
接納自己「陰影」的一面，
心的天秤就不會失衡。

這時，別人看見的是真實的你，
愛你的人也是愛著真正的你。

08

像小烏龜一樣收斂自己。

當你感到壓力、衝突大到難以負荷時，
你知道何時應全身而退嗎？

當你處於迷惘混亂中，
內在的矛盾會投射到外在的行為。
因此不但無法解決問題，
反而可能使情況更加惡化。

這時，不妨學習小烏龜的智慧，
縮回內在、調和呼吸，
安靜地反思片刻，
讓身心回到放鬆的狀態。

給自己一段深呼吸的時間，
就是給心儲蓄能量的充電空間。

Take a deep breath.

09

死亡絕非意外，而是生的一部分。

有個人的離去讓你放不了手、放不下心，
時不時沉浸在失去的痛楚中，不能自己。

一個好好的人，突然間消失了，
要接受他的「不存在」，
的確非常困難。

與其沉痛面對死亡，
不如把注意力集中在你們共有的美好回憶。
在淚水中交織歡笑，
讓淚有價值地滑落，
為了那段再也無人能取代的曾經。

喚回生的價值，
自然能延展死亡的意義。

10

與其祈求生活平安無事，
　　不如學習以生活爲師。

希望生活順心如意，是每個人的祈求，
不過，如果凡事皆有快樂的結局，
任何人際關係皆完美滿意，
那麼人生將會變成什麼樣子呢？

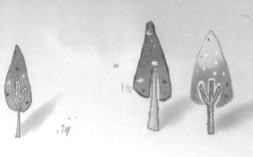

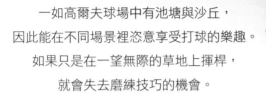

一如高爾夫球場中有池塘與沙丘，
因此能在不同場景裡恣意享受打球的樂趣。
如果只是在一望無際的草地上揮桿，
就會失去磨練技巧的機會。

與其祈求生活平安無事，
不如學習以生活為師，
自問：「我可以從中學到什麼？」

讓生活中的酸甜苦辣，
豐富你生命的厚度。

Seize the chance to learn.

11

對那些愛唱反調的人，
就以不變應萬變。

不論是你的客戶、老闆或家人，
有些人總會讓你血壓升高、火冒三丈，
說實在，和我行我素的人相處絕非易事。

要如何與這種人相處，
又不臣服於無理的索求呢？

如果你常陷於和他人的「控制爭奪戰」中，
在對方開火的時候，
不必回應，不必還擊，
要以不變應萬變。

不如讓有控制欲的人繼續浪費他們的力氣，
你把精力省下來用在更重要的地方。

I don't care about others' comments.

Forget it and just go ahead.

12

一切都過去了，
　　是該往前走的時候了。

如果把過去攬得太緊，
會使你的雙臂因空間不足，
而無法擁抱現在。

令你耽溺的「過去」，
或許是一個曾經傷透你的心的人，
或許是一次導致嚴重後果的失誤，
其實早與現在毫無關連了，
是你讓他影響至今甚鉅。

當你又沉浸於往日的傷痛中，
大聲告訴自己：
「一切都過去了，我再怎麼想也於事無補，
現在是該往前走的時候了。」

歷史永遠無法改寫，
但你可以用今天與明天寫下新的一頁。

13

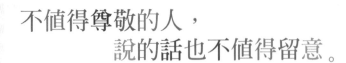

不值得尊敬的人，
　　　說的話也不值得留意。

你時常為了避免別人的評論或批評，
想要得到他人認可，
而修正自己的想法或感覺。

如果這種雜音讓你感到不安，
你可以試看看以下方法：

Please forgive me !

Thank you!

拿一張紙，

在左邊寫下你所尊敬的三個人的名字；

在右邊寫下你曾經遭受的批評。

看看紀錄，自問：

「我所尊敬的人中，是否曾如此批評過我？」

如果這些人對你缺乏意義，

這些話就無法發揮任何影響力。

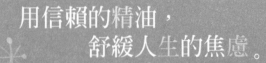

14

用信賴的精油，
舒緩人生的焦慮。

事實上，每個人在承接工作或責任的時候，
或多或少會感受到某種程度的恐懼。

即使平時自信滿滿、實力堅強的人，
心中也會殘存著懷疑與不安。

告訴你自己：
「我一定能勝任愉快。
因為我會竭盡所能，
讓事情圓滿達成。」

一旦你願意「相信」，
壓力就會煙消雲散。

只要先相信自己，
就能成為那個能被他人信賴的人。

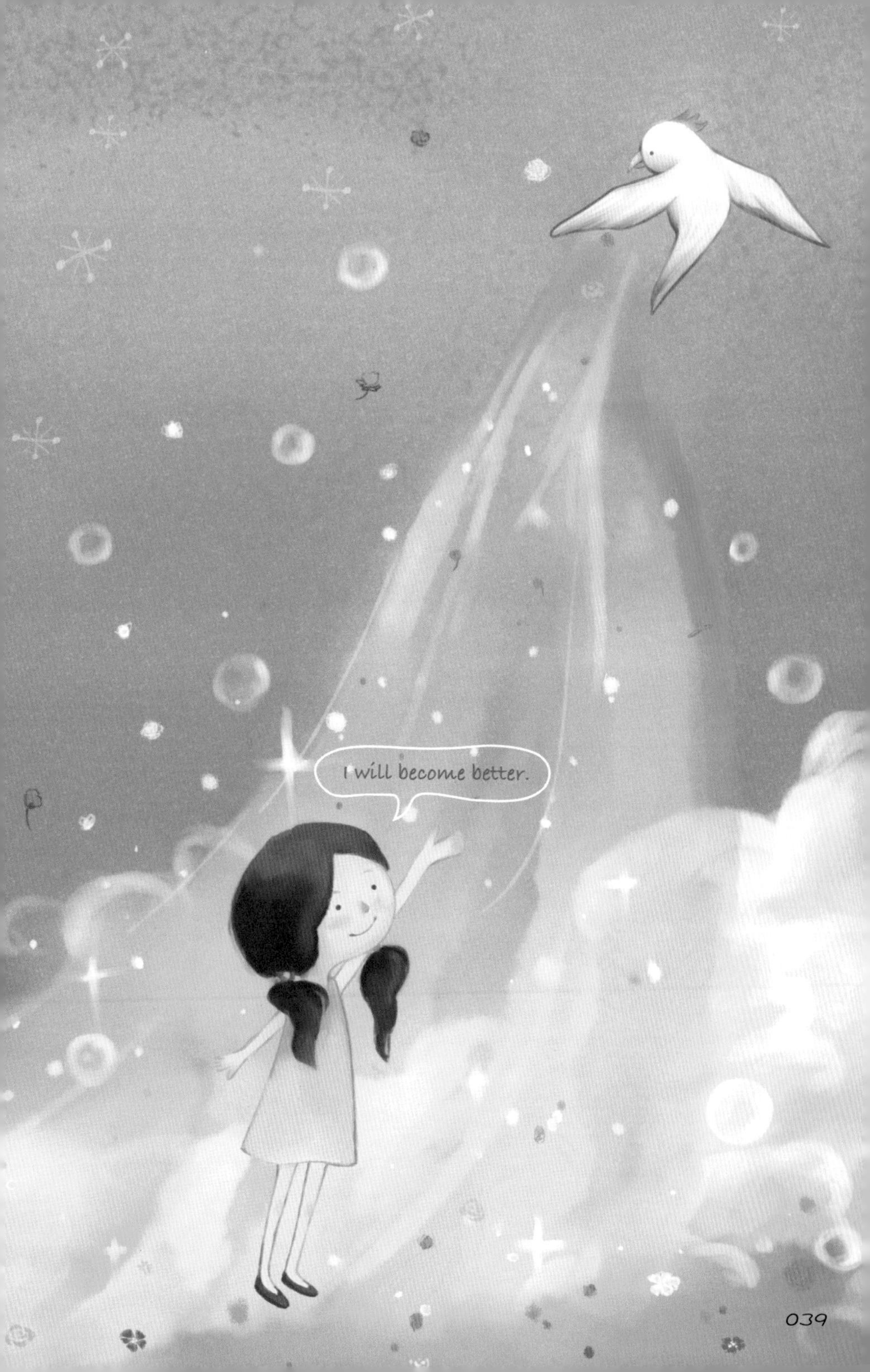
I will become better.

15

努力去了解對方，
就能因此被接納。

人最容易在無意識時，
埋下與他人的導火線。

即使並非出於原意，
仍可能因一時莫名其妙的反應
讓火勢一發不可收拾。

解決爭執的唯一方法，
不是和對方辯論不休，
而是表現出尋求和平共處的意願。

當揭露彼此的立場與底線後，
每個人都先向後退一步，
就能達成折衷的協議。

妥協，
就是化停戰協定為滿足彼此的藝術。

16

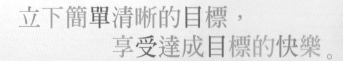

立下簡單清晰的目標，
　　享受達成目標的快樂。

當有人問你：
「五年後的你，會在做什麼呢？」
如果你心中沒有答案，
也沒關係。

最好的目標，
應該簡單、清晰，並且容易達成。

例如：在午飯後好好午睡休息，
睡前為自己寫段心情紀錄，
或者在下班後散步回家。
安然地享受達成目標的充實感。

讓自己用心過好生活，
就是人生最大的抱負。

What do I want to be doing five years from now?

17

一點點不同的嘗試，讓每天變新鮮。

你習慣每天吃一樣的早餐，

習慣走同一個路線回家，

習慣坐在沙發上看同一個電視節目，

習慣和同一批人消磨時間。

雖然，遵循同樣的生活路徑

讓你感到很自在、很放鬆，

然而這些周而復始的「習慣」

卻阻擋你接受變化、成長的機會。

每天為自己做一點小小的改變，

和不同性格的人聊聊天，

喝喝看不同口味的飲料。

一點點小新鮮，

足以讓生命出現全然不同的轉變。

18

從懸崖跳下，才能長出翅膀。

有時候，突發的危機大到讓你覺得失去掌控，
你手足無措地跌落在泥沼裡無助地仰望星空。

如果你試著相信，
每一種危機都有其意義，
就能走出因恐懼造成的舉步不前，
看見自己確實有度過艱困的能力。

告訴自己：

「不論這件事看起來有多棘手，

我一定有辦法解決。」

至少想出三個應對方案，

選出其中之一，馬上付諸行動。

當你一再證明危機是提供快速成長的轉機，

下一次，你會更快有效反應。

19

當你抽到一手壞牌的時候。

Life is just a game.

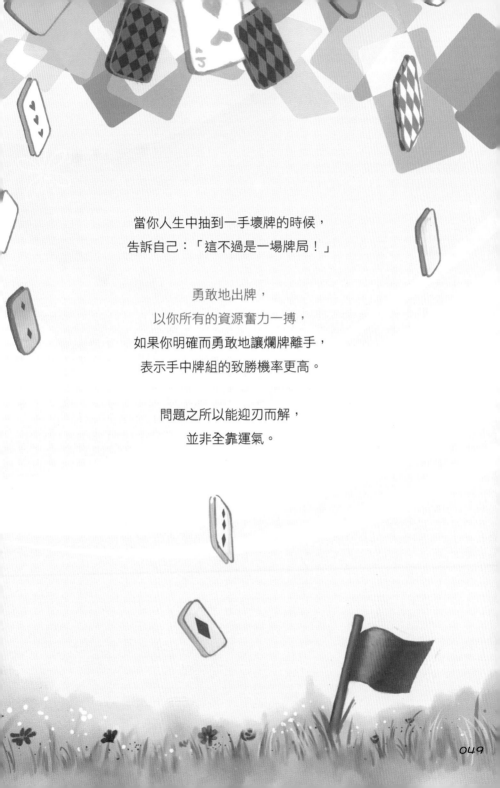

當你人生中抽到一手壞牌的時候，
告訴自己：「這不過是一場牌局！」

勇敢地出牌，
以你所有的資源奮力一搏，
如果你明確而勇敢地讓爛牌離手，
表示手中牌組的致勝機率更高。

問題之所以能迎刃而解，
並非全靠運氣。

20

不必因任何人的想法而卻步。

當你失去信心的時候，
很容易會懷疑自己的天分，
降低持續挖掘潛力的意願。

你可能會告訴自己，
如果我不能做得比別人還要好，
那又何必再試。

但是，如果不試試看，
你怎麼知道自己不會做得更好呢？

其實，能否出名或成功並不重要，
重要的是，
你是否願意再給自己一次機會？

21

每天微不足道的小事，
　　就能串成一生的幸福。

有時候，你常在心中犯嘀咕：
「為了生活，即使不喜歡，我不得不做這個工作……」
「那太貴了，我負擔不起！」

從你面對生活的態度，
可以發現某些預示著未來的東西。

可能是你做事的風格、對工作的投入程度、言行舉止
——所有的一切都象徵著你會擁有什麼樣的未來。
你其實看得見，只是你假裝看不見。

所以，即使你現在的地位很渺小，
或者目前從事的工作是多麼地微不足道，
不論是凡人或偉人，達成夢想的方法只有一個，
就是從那些你看不起的小事開始做起。

22

一個了解自己為何而生的人，
　　　　是不會羨慕別人的。

我所認識的每一個悠遊於生命之河的人，
都相信同一件事：
自己是為了一個特別的理由而來到世上，
而這個理由就是他們目前正在做的事情，
因此對於現下的工作感到非常有價值。

你認為自己為什麼會生在這世界上呢？

什麼是你迫不及待想做的事情？

什麼是你堅信一定要完成的事情？

一個了解自己為何而生的人，

是不會羨慕別人的。

相反地，他會以此當作鼓舞自己的動力，

一生忠於自己，幸福就是活出自己的使命。

23

人生中每件事情都和學起步一樣，
你會怕但你一定做得到。

記得幼時剛學起步時，
爸媽總是不放心地牽著你的手，
到他們終於放手的那一刻，你學會了走路。

長大了也是一樣，
不必因為你在某些方面不是天生的領導者，
就認為自己是個天生的追隨者。

因為人生中每一件事情都和第一次學走路一樣，
即使現在你還做不到，但只要願意去嘗試，
有天你一定會覺得：「這根本沒什麼好怕的嘛！」

It's not a big deal!

24

當你意識到自己在人生舞台上的角色，
就能有所作為。

當聽到與自己不同的意見時，
你是否心想：「我還是別說自己的想法好了。」
當面對一些千載難逢的機會時，
你是否心想：「我還是不要和別人爭好了。」

如果在發表意見之前，總是為了尋求認同，

那麼你的想法就僅僅是別人觀點的修訂版而已。

如果遇到機會總是習慣退縮，

「只有你才做得到的事」就在命運中難產了。

每個人來到這個世界上，

都是為了扮演一個別人替代不了的角色。

如果你不扮演這個角色，為了在舞台上生存，

只好試圖變身成那個不像你的人。

做主角比較快樂？

還是做替身？

25

一棵有生命力的樹並不會被吹折樹枝。

假如你是一棵樹，你會是什麼樣的樹？
假如你是一朵花，你會是什麼樣的花？

每個人心中都有一棵像電影《阿凡達》中的靈魂之樹，
順從天命自然的規律，
損傷過後仍有復原的能力，
更會用生命去保護自己珍視的東西。

其實你的心裡一直有一棵樹，
複雜的思考會讓你看不到他的存在，
用心連結就能感覺到。

Feel it in your heart.

26

不要對自己撒謊，
　　更不要屈服於任何謊言。

每天晚上入睡前，
我都會反省今天的作為。

我告訴自己：
「這個不錯！」、「那個很棒！」、「那好像不太好……」

Be honest to yourself.

在自我審視的過程中，
又多成長了一些。

如果聖經中有第「十一」誡的話，
我希望是：「不要對自己撒謊！」
因為你的真實評價，
可以決定日後的成就。

如果你對自己都不能誠實，
怎麼會誠實地對待其他人呢？
又怎能希望別人對你坦誠以待呢？

27

不必向第一名挑戰，
　　　向昨天的自己挑戰。

當你遭遇阻礙時，
是否曾有過「因為我沒別人那麼聰明」的念頭，
當你有了這念頭，
潛意識立即會接受你比較笨的意念。

The biggest challenge
is yourself.

接下來凡遇人生的不順遂，
就會把所有問題都推給「我就是沒那麼優秀」的想法來說服自己，
其實，你只是用「不聰明」的推託之詞
在逃避「如何讓自己更優秀」的努力過程而已。

當神想讓一個人進階之時，
必定會讓你遭遇某些從未預料到的變故，
然後以你的反應來決定未來的命運是進步還是退步。

把自己和別人相比時，
只有自滿或灰心而已，
根本不會從你的潛意識裡產生自我成長。

因此不必向第一名挑戰，
只要持續向「昨天的自己」挑戰。
你是最了解自己的敵人，
也是唯一能戰勝自己的對手。

28

不論薪水高低都能求好做好，
　　就決定了人生的或輕或重。

「有多少薪水，做多少事。」

「這份薪水根本遠低於我的能力。」

如果有這樣的想法，

很容易就將薪水以外的種種宏大報酬都拋棄了，

對於工作也會開始故意採取一種躲避不及與越少越好的態度。

Your attitude determines your future.

為什麼有些人這麼幸運？
在低微的薪水下工作多年，
一夕之間卻魔術般地登上一個身負重任的高位。

因為在老闆以極少的薪資相待之時，
他們正以超額的工作經驗和辦事能力，
不斷尋求工作技能的進步
作為另一種永不消耗的補償。

你投入工作的量與質，
可以決定整個生命之質。
不管薪水有多少，
對一切工作都願付出至善的服務、至高的努力，
這種精神就能決定你可見的未來。

29

所思所想的只能是
你希望成為現實的東西。

有些人認為，想像力過於豐富是十分危險的，
因為他會讓人變得不切實際。
其實，想像力和你所擁有的其他能力是一樣神聖的。

I want to be a teacher.

他能讓你即使處於悲涼的逆境中，
也能轉為繼續投入的動力。

人生是靠希望來支撐的。
如果你是一個對未來充滿信心的人，
你的前途也是目前肉眼所無法察覺的。

你就是自己思想的產物，
當你的精神專注於某一事物，
就一定能做成某件事。

30

人生的變故
　足以引發一個人最大的潛能。

許多企業家
在歷經巨大的不幸使資產揮之殆盡，
原先擁有的一切蕩然無存後，
才終於看見自己的實力。

許多人直到能幫助自己的外力已然消逝，
或是生命中寶貴的東西都已失去的時候，
才終於看見自己的能力。

只有在你感到

一切的外援都已斷絕的時候，

才能激發全部的潛力。

如果一天能得到外援，

就一天不可能發現自己的力量。

當你問：「為什麼我這麼倒楣會遇到這種事？」

提醒自己：你最大的力量、最大的可能性，

一直蟄伏在生命的內部，

必須歷經事變、危難，方能喚醒。

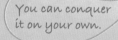

You can conquer it on your own.

31

如果你的方向是對的，
即使全世界都反對你，也無法阻擋你。

有沒有一種時刻，
你覺得自己是與自然、宇宙同步存在？
有沒有一種想法，
你覺得就算全世界都反對你，
你還是義無反顧地覺得那是通往前方唯一的路？

You are the center
of the universe.

有些命定的時刻，
你有機會窺見自己的「內在」。
這種當頭棒喝的經驗，
可以劈開生命的一條裂縫，
看見你原先夢想不到的力量。

當你被這種與宇宙同步的力量推動或改變，
就像行星繞著太陽轉一般無可抗力，
因為你知道這個方向是對的，
即使全世界都反對，也無法阻擋你。

32

一旦你能放空自己，
　　便能控制憂慮和恐懼。

如果你因害怕漏氣而檢查輪胎，
這是憂慮的良性作用。

但是，今天浪費你許多時間和精力去擔憂的
往往不是這類恐懼，
而是一種難以名狀的焦慮。

其實，只要放空執念，
就能讓自己宛如氣球般，
順利穿越亂流層，
輕鬆地往更高、更寬廣的地方飛昇，
那裡不僅晴空萬里，還令人心曠神怡。

一旦你能放空自己，
憂慮和恐懼也會無所遁形。
當你找到確切的原因，
就能用具體行動剷除疑慮。

33

假如你身在一月，
千萬不要幻想你身在二月。

有些人往往有「生不逢時」的感嘆，
以為過去的時代都是黃金時代，
只有現在的時代是不好的。

Do you have
any plans?

Happy New Year!!

如果你能夠生活於「現實」，充分利用「現實」，
不枉費心神去追悔過去的失敗，
或沉浸在未來的幻夢中，
就比那些只會瞻前顧後的人更接近目標一步。

別再因為注視著天上的星光，
反而踐踏了腳下的玫瑰花！
你必須藉由一個快樂的旅程，
才能通往一個快樂的目的地。

34

你尋找什麼，便會發現什麼。
這是人生的基本法則。

You light up my life.

你的思想存在著同性相吸、異性相斥的力量，
當你相信秘密的吸引力，
這種吸引力就能為你所用；
當你認為唯物論才務實，
這份現實感也能為你所用。

重要的不是你感受到、遭遇到什麼，
而是你認同的、相信的是什麼。

只要你相信做這件事會發生奇蹟，
這樣走下去就能遇見奇蹟。

35

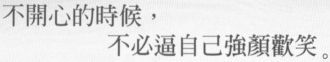

不開心的時候，
　　不必逼自己強顏歡笑。

Cafe'

Cheers!

不開心的時候，不必逼自己強顏歡笑。

你可以保持沉默，慢慢整理心情，

等到心情準備好再微笑以對。

對你的人生而言，

沒有一個人的感受比你的感受更值得看重。

真實地面對自己，

是比真實地面對別人

更重要的事。

36

一旦懂得把握內在的力量，屬於你的
只有富足充實的生命。

一位購買鑽石礦場的大財主，
耗費了畢生大半積蓄卻無法挖到鑽石，
於是他將整個礦場轉手易主了。

Listen to your heart.

下一個接手礦場的主人，
同樣耗費了大半積蓄也尋不著鑽石的蹤跡，
但他始終相信探測的結果，
結果居然挖到了金脈。

一旦你懂得把握內在的力量，
用專注力、意志力不斷實踐，
就決計與貧乏的生活無緣，
屬於你的只有富足充實的生命。

37

拋棄每一根拐杖，
自立才是力量的泉源。

你認識的人當中，

有多少人在等待機遇？

他們隱約覺得，

會有什麼事情發生，會有某個人幫他們，

這樣就可以在沒有充分的準備和資金的情況下，

為自己獲得事業的開端，或是繼續前進的動力。

世上沒有比自尊更有價值的東西。

如果你試圖不斷地從別人那裡獲得幫助，

你就難以保有自尊。

如果你決定依靠自己，
獨立自主，
就算一時的跌倒，
也能夠很快地爬起。

You've already
fought for yourself.

38

「願望」能凝結成「決心」才有用處。

如果建築師想到一個偉大建築的藍圖，
卻因想法未能完善，遲遲不下手規劃，
那麼偉大的建築只是海市蜃樓。

如果作曲家想到了一個絕美的曲調，
卻因為其他事情的牽絆，未能譜曲，
那麼這首偉大的曠世巨作
也只存在於他一個人的夢中。

所謂的理想、願望，
若是未能凝結成決心，
很快就會煙消雲散成為夢一場。

把你的願望像一顆種子般種進心裡，
直至開花結果那天，
你會了解到，
就是這個願望影響了你一生的命運。

39

失敗是測定個人「軟弱度」
最好的裝置。

失敗到底是幸運還是懲罰，
這要看個人對他的反應而定。

若你能夠將失敗看成無形引導命運的舵手，
並接受警訊，
把前進的方向調整到正確的軌道，
那麼失敗對你來說就是幸運。

若你將失敗看作是上天對自身無能的暗示，
從此心灰意懶，
那麼失敗對你來說就是懲罰。

失敗是測定個人軟弱度最好的「裝置」，
而且他會同時提供克服弱點的機會。

照這樣來看，
失敗永遠是一種幸運。

40

一個懂得幫助別人的人，
必定能成為
很富裕的人。

假如你想變得有錢，
那就要拜託別人幫你賺錢，
同時也要去幫助別人致富，
那麼你必定能成為很富裕的人。

假如你想獲得一個人的愛，
你應該告訴對方他是個值得被愛的人，
以行動來表示你有多愛他，
對方也會一天比一天更愛你。

如果你想獲得眾人的尊敬，
必然先尊重每一個人。

活在世上，
不是為了讓世人知道你名片上的頭銜，
而是在重要的人心中，
你是一個什麼樣的人。

41

不必擔心繞道而行，
每條路都有它的出口。

人們總說計畫趕不上變化，
當計畫生變時，你的第一個反應是什麼？

當你沒有完成設定的進度時，
第一個要問自己的問題是：
「我容許什麼事來干擾進度？這件事是有意義的嗎？」

你可能會因為不可預測的狀況而受到阻礙，
但只要你仍然在既定的路徑上行走，
依然可以透過第二天或過幾天的加速進行，
最終會走到目的地。

然而，如果你縱容自己
被每一件好玩的事情所吸引，
或因瑣事而逐漸遠離目標，
你就沒有任何藉口。

衡量成功的標準並不在於你每天完成了多少進度，
而是你真正做了什麼可以幫助你
實現目標的事。

42

尋找別人最好的一面，
　　展現自己最眞的一面。

當你獨自看著鏡中的自己時，
好好觀察一下鏡中的表情
是帶著笑意的，或是面無表情，還是眉頭深鎖呢？
這能幫助你覺察這個時期的自己，
是心靈飽滿，抑或心靈枯竭的。

My reflection shows who I am inside.

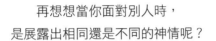

再想想當你面對別人時，
是展露出相同還是不同的神情呢？

如果在大多時間裡你都能如實呈現心中的情感，
恭喜你，你身邊必定有知交常伴；
如果你總是表現出反差甚鉅的自己，
當你背離己願的同時，也很容易感到被命運之神遺棄。

好好試著端詳你的臉，
裡頭有千言萬語的故事等著你去讀，
當你專注於己時，
就沒那麼多時間去注意到外在的醜惡與紛擾。

有時候，成為自己的一面鏡子，
比成為別人的鏡子
更有所獲。

43

你並不是一個人活在這個世界上，
只要你願意向外求援。

即使你擁有再大的力量，
也不可能徒手把自己舉起。
但如果能倚靠別人的力量，
就有可能。

當你孤立無援時，要先察覺到：
你並不是一個人活在這個世界上。

只要你願意向外求援，
必會有人願意伸出援手。
讓你原本以為不可能的事，
也變成可能。

When love is lost
don't do sadness
Use happiness to wipe out
negative emotions.

44

當別人對你的行事作風有所評論之時，
不必時刻惦記於心。

當你知道朋友遇到困難時，
會默默地陪伴在一旁；
還是想用自己的觀點幫助及改變對方，
朝著你認為比較好的方向前進？

Forget it！

然而，你可能察覺不到的是：
此時你給予的建議，
回應的是自己的需求，
而不是對方的需求。

同理，當別人對你的行事作風有所評論之時，
也不必時刻惦記於心，
因為他說的大多是他當下面臨的窘境。

45

有些東西你想要而沒有，
這就是幸福不可缺少的一部分。

一個擁有一切的人，
在某種意義上是很貧窮的，
因為如此他就很難理解希望和夢想的感覺。

就算你沒辦法買那個包包，

沒辦法出國旅遊，

無法過著心目中理想的生活。

即使缺少這些東西，

心靈也不可能會因此崩落，

甚至會有意想不到的驚喜能填補空缺。

當你缺少一些東西時，

人生反而充滿期待。

而那些取而代之的東西，

才是讓生命閃閃發光的原因。

46

不要問：「何時才能開心？」
　　應該問：「如何才能開心？」

不要問：「何時才能開心？」
應該問：「如何才能開心？」

是選擇自己喜歡的、薪水少的工作開心，
還是選擇自己不喜歡、薪水高的工作開心？

任何行業、工作都無謂好壞，
唯一的差別只在於「你到底喜歡什麼？」
「從事什麼樣的工作，能讓你感到真正的幸福快樂？」

有時候，或許你不得不犧牲一點快樂，
去換取目標的實現，
與此同時，其他能為你帶來即時幸福的事物，
就靜靜地躲在生活的小小角落中。

47

不要問自己想要的是什麼，
要問自己
最不能失去的是什麼。

Flower story

★ Just for you *★*

在每個人的心中，
無數理想和願望常常都並列第一。

「我希望能遇到一位新好男人。」
「我希望可以找到一份穩定又福利好的工作。」
「我希望自己今年可以達成所有願望。」
如果你是負責傾聽的神靈，
分得出這其中的輕重緩急嗎？

找出自己當前最想完成的目標，
當你展現出強大的決心與努力時，
宇宙自然知道該如何回應你的期許。

不過，
不論想擁有什麼，都不能失去自己。
不論失去什麼，至少你還有自己。

去拿別人的幸福作參考，
　　就會偏離自己人生的軌道。

在你眼中，

是否覺得別人都比自己過得幸福快樂呢？

當你想到：「他有什麼，我也應該有！」

「他因為擁有這些東西，所以比我幸福！」

人最大的悲哀，

就是在別人所謂的「快樂」中

不明不白地虛度年華，

如果想找回人生的主軸，

其實只要簡單問自己一句：

「十年後，我想要成為一個什麼樣的人？」

用未來的自己替現在的自己定位釋疑，

就能遠離他者所帶來的影響與困惑。

49

人需要的很少，想要的卻很多。

有時候你的心好像是世界上最矛盾的東西，

如果心想要翱翔天際，

抓住星月般的夢想，

就更需要一個平實安穩的起飛跑道。

雖然被別人記得，被別人相信，

偶爾感到很幸福，但那只是短暫停留的餘韻。

如果做任何事，你能理解自己、問心無愧，

外界的聲浪就不重要了。

因為人真正需要的東西很少，

其他的，都是拿來炫耀的……

50

少要求一點點，可以帶來更多。

你每天的時間都被安排得滿滿的，

根本沒有心情去思考如何享受生活。

工作確實是做不完的，
責任也是難以完全了卻的。

不過，
如果你能少要求一點點，
讓生活變得簡單一點點，
就能將多餘的包袱拋到九霄雲外。

一個身負重物的人，
是無法順利游到對岸的。
而時間上的富裕，
遠比物質上的富裕，
更能讓你幸福得多。

Take your time.

51

如果有你辦不到的事，
這也是理所當然的。

無論你怎麼努力，始終都沒有成果時，
就告訴自己：
「如果有你辦不到的事，這也是理所當然的。」

當你知道有人不是那麼欣賞你，
就告訴自己：
「如果有些人不喜歡你，那也是理所當然的。」

就像廚師擅長烹飪、工程師只會設計IC版、藝術家只會創作，
如果叫廚師去設計IC版、藝術家去掌廚、工程師去創作，
或許辦得到，
但就算辦不好，也是理所當然的事。

其實沒有必要對自己太失望，
因為每個人都不一樣，
但其實每個人都很棒！

52

無所事事也有無所事事的價值。

等待，似乎是現在大家最害怕的一件事。

當朋友告訴你：

「等一下，我五分鐘就到了！」

接下來的這五分鐘，

你會不時察看手錶、檢視手機來電、

望向對方可能出現的方向，

你侷促不安地感到這五分鐘好像比五十分鐘還漫長。

其實，等候並非只是邁向未來的序曲。

你應該慶幸自己在這段時間裡有點餘裕，

好不容易慢下來的時光，有好多事可以想、可以做。

花點時間靜靜守候，和你的心在一起，

就算無所事事，也有無所事事的紀念品。

53

去做，那些別人勸你別去實現的夢。

你是否有盲目「聽信」別人的話的時刻？
其實真相是，
他人所言往往大多也是從別人那邊「聽」來的。

如果你真的有心想完成一件事，
千萬不要隨意「聽信人言」就放棄。

假如周遭的人都勸你不要去做某件事，
甚至嘲笑你根本連想都不該想，
這件事可能成功的機會就越大。
世界上從沒有人倚賴「從眾」而成功。

每個人的想法與天分都全然不同，
他們的經驗不應該成為你綁手綁腳的託辭，
因為他們看不到你眼裡看見的價值。

Feel it with your heart

54

做好自己，就不必刻意證明自己。

常常擔心「我是不是做得不夠好」的人，
大多是習慣「想太多」的人。

Just do your best.

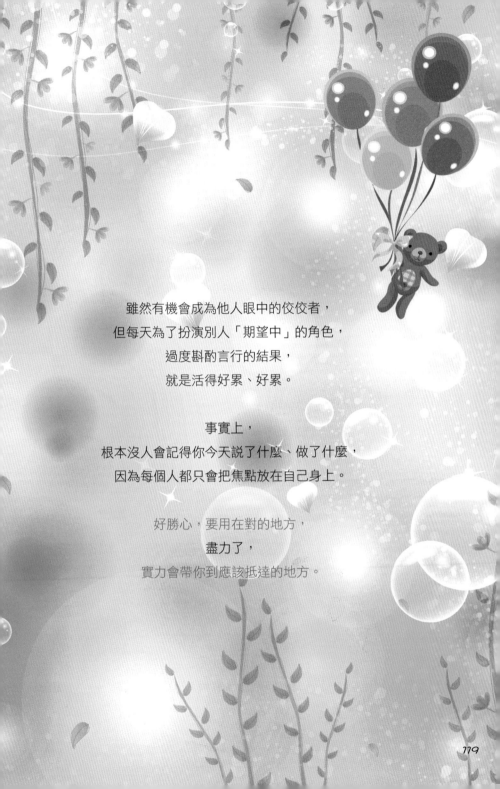

雖然有機會成為他人眼中的佼佼者，
但每天為了扮演別人「期望中」的角色，
過度斟酌言行的結果，
就是活得好累、好累。

事實上，
根本沒人會記得你今天說了什麼、做了什麼，
因為每個人都只會把焦點放在自己身上。

好勝心，要用在對的地方，
盡力了，
實力會帶你到應該抵達的地方。

55

把注意力拉回來，放在自己身上。

如果有件事，你怎麼努力都達不到，

可能會想：

「因為我的資源不夠。」

「因為我不像別人那麼有天賦。」

「因為我太多事要忙，沒時間全心投入。」

把注意力拉回來，
放在自己身上。

阻擋你成就的往往不是「已知」的事情，
而是那些「已知」卻根本不正確的想法。

努力的人永遠不會出錯，
只要找到導致出錯的那個「意念」，
消除在你心中長期潛伏的經驗，
搬開了無形的大石頭，
有形的世界就能暢行無阻。

56

直接說出心中的想法，
不合邏輯也沒關係。

如果你懷著「我想想要怎麼說」的想法，
卻讓彼此的溝通沒有成功，
還不如一開始就脫口而出
心中真實的想法。

「我這樣說，他會很受傷！」
「這樣講他，他一定會生氣的啦！」
結果是，你沒說出口的意圖，
反而讓人更生氣、更受傷。

對你想溝通的每一個對象坦然以對，
不是為了對不對、好不好、接不接受，
是為了讓他直接了解你的感受。
至於對方要怎麼反應，則是他的自由，
你也有表達真實情緒的權利。

說出你的真心話，
就算不合邏輯也無所謂，
因為拐彎抹角只會讓事情變得更複雜。

57

離開那群讓你感到
「好無聊」的朋友。

不是每一種忍耐都會換來好結果，
至少這在人際關係中完全不適用。

如果你覺得對人疏遠很失禮，
但明明不喜歡、還假裝很喜歡的樣子，
還把時間浪費在你覺得「好無聊」的人身上，
漸漸地，
你的生活就會被這種無聊的人事所吞噬，
因為你沒有把時間留給「最喜歡」的人身上。

減少和那些讓你很無感的人的交流，

把時間拿去多認識能讓你心生共鳴的人。

這樣真誠的你，既對得起自己，

更能讓那些人有機會認識屬於他們的朋友。

58

拒絕讓任何垃圾車靠近你的人生。

每當你提出一個想法時，

就面露難色的朋友，

這種人還是和他保持距離、以策安全比較好。

因為有些人習慣以自己的「負面經驗」考量

去加以「解讀」他人的話。

明明你只是說了一個構想，連做都還沒做，

就告訴你這不可行、那不可行的人，

只會讓你想一直待在安穩的舒適圈，

或是「滿足他希望」的範圍內，

無法助你人生更進階。

做人的最低底限是，

千萬不要讓自己成為這樣一部

發臭的垃圾車。

59

把錢揮霍在美好
　　「持久」的事物上。

如果你花錢時會感到罪惡，
就代表連「心」都在強烈告訴你：
「即使擁有這件東西，也不能帶給你快樂。」

如果你花錢時感到身心舒暢，
甚至與他人的情感更凝聚，
就代表「心」正在告訴你：
「這筆錢花得好值得！」

花錢買享受這件事本身並沒有對錯，
關鍵是，
這能滿足你的「欲望」，
還是填滿你的「心」？

60

讓一個人更強壯的關鍵，是放鬆！

風行全世界的瑜珈運動，

不論你之前做了多麼高難度的動作，

最後總有一個「大休息」的姿勢作為結束。

大休息時，

你會全身放鬆地平躺在地，

全然把自己的重量交給大地。

因為無須用力，

而能體驗到完全的平靜。

Take a break.

其實不論任何時刻、在做什麼，
你都可以讓身上僵硬的部位一點一點地放鬆。

別忘了唯有懂得鬆開雙手的人，
才能握緊拳頭，繼續奮戰到最後！

61

與想像中的美好關係說再見。

I love you just the way you are.

為什麼人們明明就知道童話不存在於世界上，

仍不放棄尋找

所謂的王子或公主？

因為只要幻想出一個理想的對象、一段理想的關係，

自己就不用為此付出太多代價。

不過，如果你害怕受傷或得不到回饋，

而不敢輕易付出，

只會讓原本的理想關係「生變」。

其實美好的情感關係並非不存在，

當你願意付出、對方也願意接受的那一刻，

愛的印證即永存於時空中。

62

別讓小時候的情境複製貼上一輩子。

你是否常常告訴自己：

「要做完……才能……」、

「這樣不行！」、「為什麼你表現得這麼差！」

還是你比較常告訴自己：

「我喜歡這樣的你！」、「我覺得你表現得很棒！」

想一想，其中是否有些話，
和小時候爸爸、媽媽對你說的話很像。

小動物會模仿父母的求生方式，
你也會不知不覺中
感染到父母對你的評價方式。

現在你長大成人了，
可以自行決定要用「愛自己」或「責備自己」
來對待心中那個還沒長大的小孩。

63

不管你做了什麼，
這些事都會同樣發生在你身上。

或許你尚未察覺到：
當你對別人展露微笑的時候，
別人也會以笑容回應。

當你打從心底討厭某個人的時候，
那個人通常也看你不太順眼。

人跟人的關係，
其實沒有那麼複雜，
一切都取決於你當下的態度與回應。

不過，
不管你做了什麼，
這些事都會同樣發生在你身上。

64

地球並非繞著你轉，
但你可以把自己排在第一位。

你難免會遇到以下情況：

明明今天就已經特別提早出門了，

卻還是因交通事故而遲到；

早就已經交代過他的事情，

卻還是被忘記了擱置一旁。

每天的生活中充滿著大大小小的「變故」，

因為地球並非繞著你轉動，

不可能每個人、隨時隨地都以你為優先。

不過，至少在能力範圍內，
你可以優先考量自己的想法與感受吧！

如果連你都不看重自己，
世上就沒有人會真正看重你。

65

沒關係，該休息時就好好休息。

在山邊的溪流中看見
無數的小魚「逆爭上游」，
有些小魚奮力地游過了湍流，
有些小魚卻被湍流衝擊得精疲力盡。

如果看見這樣的小魚，

你是否也會想對他說：

「休息一下也沒關係吧！再下去你會承受不住的。」

這是你最需要對著

每天被工作、生活追趕得疲累不堪的自己，

說出口的一句話。

66

選擇自我的人，人生就會簡單很多。

當你遇到好好吃的美食時，
臉上就壓抑不住「這個怎麼這麼好吃！」的驚喜表情，
吃到不合胃口的東西時，
臉上自然會出現「三條線」的痛苦神情。

用面對食物的表情，
真實地面對自己，
也面對身邊的人。

你喜歡的人事物就會自然向你靠近，
你不喜歡的人事物也會自然逐漸遠離。

67

你能活多久，
何必再浪費自己的人生？

雖然說出來非常殘酷，

但確實每天都有層出不窮的意外

發生在你的人生中，

甚至接連帶走身邊最親密的人。

當下儘管傷痛難抑，

也想過要好好珍惜當下，

但假以時日後，你又被時間麻痺了感知，

覺得有些事就算現在不做也沒關係。

其實，最能幫助自己辨別眼前事物輕重的方法，
就是問自己：「你還能活多久？」

雖然實際上這是個無法回答的問題，
卻能提醒自己：「那些事不做會後悔一輩子？」
那就是你現在刻不容緩馬上要去做的第一件事情！

68

讓頭腦休息一下，
　　就能聽見心的聲音。

當你手足無措、不知下一步該怎麼做時，
現實生活中常充滿各種喋喋不休的雜音，
告訴你：「該怎麼做才對」、「該怎麼走才好」……

通常首先浮出檯面的是屬於擔憂的雜音：
「這樣做，比較能獲得大家的認同吧！」
不過，這並不是你心底的答案。

當你深呼一口氣，慢慢地把雜音排出腦海，

慢下來，才能聽見發自內心的直覺：

「這樣做，符合我努力的初衷嗎？」

最深層的感受，

往往最慢才釋出。

給自己一點等待聆聽的時間，

如果是你「最想要」的東西，

過一段時間，他還是會留在你心底；

如果不是，過一段時間，

他就會變身成「不想要」的東西，

讓你看清晰。

Your mind settled
as time goes by.

69

勇於承認心中的夢想，
就能心生力量。

Believe what you believe.

當別人對我們表現認同時，
會心生力量，
一旦這份「信任」消失、被剝奪，
無形的支撐力也不復存在，
甚至會有失落感。

既然如此，
與其選擇倚賴別人的「信任」，
何不優先「信任」你自己？

放手讓自己去做
你一直以來就想做的事吧！

當支撐人生熱情的力量源於自己，
再也沒有任何人可以剝奪你的「相信」。

70

失去對愛的信仰之時，就是看見真我之時。

因為他的一句稱讚，

讓你宛如置身於人間仙境。

因為他的一句無心批評，

你又宛如掉入地獄。

Free your soul.

如果愛總帶給你患得患失的心情，
或許在這段關係中你並不夠愛自己。

如能看清自己在愛中的映射，
就知道往哪個方向轉化
能重拾對愛的信心。

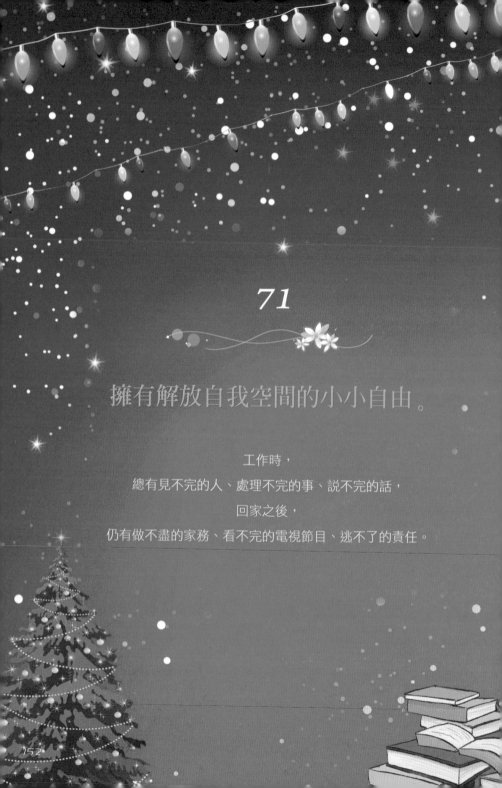

71

擁有解放自我空間的小小自由。

工作時，
總有見不完的人、處理不完的事、說不完的話，
回家之後，
仍有做不盡的家務、看不完的電視節目、逃不了的責任。

大多時候，你都是一個人和全世界戰鬥，
不過大多時候，你都不能只顧自己一個人。

偶爾，也要陪陪自己嘛……
一個人去咖啡館、看電影、散步，
一個人回房間聽聽音樂、看看書或雜誌，
關起門，享受一個人的全世界。

感受只有自己和自己在一起的時候，
（就像和內在的自己談戀愛一樣）
是最能擁抱自由的片刻，
也是你真正全然敞開心房的珍貴時刻。

153

72

沒人能帶走你內在的東西，
他一直在你心裡。

如果你想追求一樣事物時，

心中想著：

「如果我擁有他……我就會很幸福。」

等得到的那一天，

或許你一點也不幸福。

當你開始想「得到」的時候，

這種意念就像緊箍咒一樣，

讓你的神經越繃越緊，

讓你的心越來越無法呼吸，

失去了氧氣的心，不論多麼富足，依舊喘不過氣。

因為你心裡缺乏的東西，

永遠不可能從外面求得，

如果他原來就在你心裡，

那麼他就會永遠和你在一起。

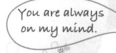

You are always
on my mind.

73

因爲在乎，所以才有爭吵的可能。

因為彼此一時的意見不合，

有了心理上的疙瘩，

而產生不可避免的衝突。

雖然在爭鋒相對的當下，

彼此的心裡都很不好受，

不過就是因為「在乎」對方的認同，

才有爭執的必要。

（你並不會隨便跑去和一個路人爭吵。）

The more you care,
the more you have to lose.

有一個能夠爭吵的對象，
是一種幸福，
不論最後是否達成妥協，
還是各說各話，
都比無話可說的冷漠，
更值得欣慰。

因為在乎你的人，
才會在意你的話。

74

實現自我，
不要做自己的絆腳石。

不論任何人告訴你要完成這件事「不可能」，
都不會比你告訴自己「不可能」更有說服力。

不論任何人告訴你要完成這件事「有機會」，
也不會比你告訴自己「有機會」更有說服力。

這樣看來，
所謂外人的想法、命運的阻撓、大環境的不景氣
根本和你的目標是否能達成，
並沒有直接的關係。

曾經失敗過一次，確實會讓人很灰心，
但如果我告訴你：
「那些最後能爬上山頂的人
都曾經失敗過十次以上。」
你是否願意繼續嘗試？

75

人生不怕犯錯，
　　只怕不曾錯過的一生。

當你要去做一件事之前，或完成這件事之後，
　心裡偶爾會有「我是不是錯了」的回音。

所謂的成功與失敗，所謂的贏家和輸家，
　　不過是外在的比評。

Forgive Yourself

實際上的你，

已經吸收了多一次的經驗，

讓現在的自己多一些的體悟。

實際的輸贏，只有你知道。

如果曾經錯過的人就是失敗者，

那誰是成功的呢？

76

愛一個讓你自由的人，
　　而非限制你的人。

自由誠可貴，愛情價更高。

於是你以為愛情中若有太多的自由，

只會貶低愛情的價值。

事實上，

懂得在愛中給自己、給對方自由的人，

通常是懂得如何愛自己、愛對方的人。

因為在愛情還沒來到你的生命之前，

你本就享有一個人的生活，

在愛情降臨之後，你又獲得兩個人在一起的生活，

這是因相戀加乘的人生；

如果你放棄一個人的生活，或要求對方放棄他的生活，

這是因相戀而失去的人生。

不成熟的人，希望從擁有中得到幸福，

成熟的人，總能夠從放手中得到幸福。

77

偶爾小酌，換一點不清醒的時光。

因為你常常要求自己「頭腦要保持清醒」，

有時候卻因為要思考的事太繁雜，

而始終想不出頭緒。

偶爾讓自己靜下來，

看似腦袋放空、兩眼發直，

實際上，

心空不出來，

走起路來仍感沉重。

如想好好地放鬆，

不如偶爾小酌一下，

讓酒精稍微掌控你的中樞神經，

這時才發現，

原來不清醒時，

才能真正悟透一些原本想不透的問題。

78

兩個人都能享受獨處的時刻，
　　　那種愛才愛得深。

「你是我的全部。」
「你是我生存的原動力。」
這種愛的呢喃反而會給對方沉重的壓力。

I like to be alone.

如果你想與「一生的愛」邂逅，
就應該好好尋覓自己的世界。

只有懂得享受獨處的人，
才不會將自己的不滿歸咎給對方。
他能夠一方面了解對方的缺點，
一方面又尋找出對方更多的優點。

能學會獨處的兩個人，
才能一直深愛著對方。

79

每個人都有自己的歸宿，
　　　不必解釋也不要干涉。

過了一定的年紀以後，

如果別人問你：

「你為什麼還不結婚？」

「你不想在三十歲前生孩子嗎？」

老被問多了，難免覺得煩。

「只要你知道自己在做什麼就行了！」

別人口中所謂最好的安排，

未必對你是最幸福的選擇。

只要你心裡明白：

每個人都有自己的歸宿，

你知道你自己想走的路。

Flower story

80

「一直不想做」
　　　就「乾脆不要做」

如果有一件事
你拖了好久都沒去做，
就表示你根本一點都不想做，
純粹是因為一些不得不做的「其他壓力」。

如果有一件事
不管你有多忙都一定會想辦法達成，
就表示你「發自內心」地看重這件事情。

如果你覺得人生已然失了序，
只要提高每天執行你「看重」的事情比例，
其他被拖延的事既然對人生無足輕重，
再攬進生活、堆進心裡也毫無助益。

遺失了自己？去享受一個人的旅行。

在你追求夢想的道路上，
難免走在不確定是否能抵達的蜿蜒小徑上。

別擔心，當你的心不知遺落在哪裡時，
想辦法放開一切，
去享受一個人的旅行吧！
這是一段能幫助你找回自己的內在之旅。

就算放不下，
也可以用「旅行」的態度重新看待生活。

其實你只是「經過」這些地點、這些人、這些事，
心就能不自覺的輕盈，
待心中的迷霧散去，
就能看見生命方向的指標。

82

不必按捺想法，
只要不被感覺左右就行了

你的心就像是一潭寧靜無波的湖水，
當你感受到沮喪時，
天上的烏雲密布就會映像在心湖上，
心湖清淨的本質卻不曾改變。

當你感受到快樂時，
晴空萬里的陽光也會照耀在心湖上，
湖光閃閃更顯出心湖原本的純淨透亮。

不論現在的你
正在擔心、煩惱些什麼，
這些情緒、這些思緒不過是一時天空的映射，
不必因此跳下去擾亂了一池湖水。

因為你只是一個默默在旁欣賞湖光山色的旅人，
如此罷了。

83

親近寂寞，品嘗一個人的快樂。

你有時會擔心一個人的時候，

不知該做些什麼好嗎？

為了避開這種一個人的尷尬時刻，

你埋首於手機的訊息中，

或是總有想打電話給誰、要趕著去做什麼的衝動。

因為習慣了有人相伴，

一旦寂寞降臨就分外緊張，

難道和自己在一起真有這麼可怕嗎？

一個人的時候，

你可以隨著自己的節奏走路，

也有空可以想一想

那些人、那些事、那些過往、那些未來。

一個人的時候，其實比兩個人的時候，

更容易感觸良多，更容易心生靈感，

原來一個人的寂寞也可以很快樂、很難忘。

84

不論到幾歲，都要繼續挑戰。

小時候，你看到什麼都會躍躍欲試，
長大了，你看到什麼反而會先想：
「這會不會有風險啊？」
所謂的天賜良機，
很多時候就在猶豫不決下溜走了。

因為成長過程中一直被大人教誨：
「做任何事之前，要先想一想。」
想太多的結果就是什麼都不敢做。

如果你有幾分聰敏，
就把那幾分聰敏放在最後吧！

有挑戰的人生才有想不到的進階，
與其一直走在平坦道路上，
不如爬上山坡才能看到難得一見的美景。

85

問自己：
「我能為你做什麼？」

Feel it with
your heart.

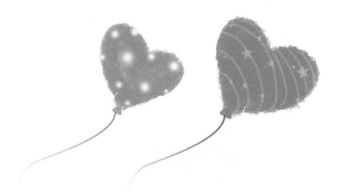

每天忙得喘不過氣的空檔中，
你總一心安排著：「我等下要去做什麼……」

好不容易擁有休息的時間，
你又一心想著：
「等下要拿老公的襯衫到洗衣店乾洗……」
「兒子的回家作業還沒看……」
「女兒的芭蕾舞衣還沒洗……」

要等到什麼時候，
你才有時間「為自己」想一想呢？

下次想照顧別人之前，
請先問問自己：「我能為你做什麼？」
馬上當成第一要務去完成。

能夠好好照顧自己的心的人，
就能照顧好別人的心。

86

好好接納每一種
　　來到你身邊的緣分。

「為什麼只有我會遇到這種事？」
「為什麼我會遇到這種人？」
我常常會聽到這些話，
但關於「我覺得自己很幸運」這類的想法
卻相對地很少。

如果遇到很好的對象，
你會想：「希望他能一直陪伴著我。」
如果遇到差勁的對象，
你會想：「我現在只能靠自己了。」

每個人生的際遇，
都是一種轉化的助益，
只要全心接納，內心就會湧現力量。

當你的心轉變了，
不好的緣分，也能轉為天賜良緣。

原諒自己：「謝謝你讓我成長！」

經歷了一些年歲之後，
你的心可能越來越輕盈，也可能越來越沉重。

認識了一些人以後，
你的心可能越來越開放，也可能越來越緊鎖。

決定心的輕與重、開與鎖的，
其實都是你。

不論曾經遇見多麼討厭的人、遇到多麼糟糕的事，
只要能以諒解的力量真誠地告訴對方：
「謝謝你讓我成長！」
不論你未來會面對什麼，都能放心以對。

重要的是，在面臨難關時，
也要告訴自己：「謝謝你讓我成長！」
原本沉甸甸的心，也能輕盈飛翔。

結合興趣與天賦的人生，
就是值得的人生。

「每天工作超時，沒時間投入喜歡的事。」
「每天為乏味的工作賣命，沒力氣去思考我想要的生活。」
如果這都可以成為你不想面對自己人生的藉口，
接下來的五年、十年……
即使沒有超能力，
你都能預見自己的未來。

「什麼事你不必花太多心力，就能做得比誰都好？」
「什麼事讓你投入後，即使廢寢忘食也甘之如飴？」

與其賣命賺錢，
不如用興趣與天賦
經營一個「更值得」你擁有的人生。

國家圖書館出版品預行編目資料

做自己就好，何必非要做天使! / 長澤玲子 著;
馬曉玲編譯. -- 初版. -- 新北市：啟思出版，
2014.02
　　面；　公分

ISBN 978-986-271-445-4(平裝)
1.自我肯定　2.自我實現
177.2　　　　　　　　　　102023640

做自己就好，何必非要做天使！

本書採減碳印製流程
並使用優質中性紙
（Acid & Alkali Free）
最符環保需求。

出　版　者 ▶ 啟思出版
作　　　者 ▶ 長澤玲子
編　　　譯 ▶ 馬曉玲　　　　　　品質總監 ▶ 王寶玲
繪　　　者 ▶ Debby　　　　　　總 編 輯 ▶ 歐綾纖
美術設計 ▶ 蔡億盈　　　　　　文字編輯 ▶ 孫琬鈞

郵撥帳號 ▶ 50017206 采舍國際有限公司（郵撥購買，請另付一成郵資）
台灣出版中心 ▶ 新北市中和區中山路2段366巷10號10樓
電　　　話 ▶（02）2248-7896　　　　傳　　　真 ▶（02）2248-7758
Ｉ Ｓ Ｂ Ｎ ▶ 978-986-271-445-4
出版日期 ▶ 2016年最新版

全球華文市場總代理 ▶ 采舍國際
地　　　址 ▶ 新北市中和區中山路2段366巷10號3樓
電　　　話 ▶（02）8245-8786　　　　傳　　　真 ▶（02）8245-8718

全系列書系特約展示
新絲路網路書店
地　　　址 ▶ 新北市中和區中山路2段366巷10號10樓
電　　　話 ▶（02）8245-9896
網　　　址 ▶ www.silkbook.com

線上 pbook&ebook 總代理 ▶ 全球華文聯合出版平台
地　　　址 ▶ 新北市中和區中山路2段366巷10號10樓
主題討論區 ▶ www.silkbook.com/bookclub　　● 新絲路讀書會
紙本書平台 ▶ www.book4u.com.tw　　　　● 華文網網路書店
電子書下載 ▶ www.book4u.com.tw　　　　● 電子書中心（Acrobat Reader）

本書係透過華文聯合出版平台自資出版印行。

Just for You

Yes, today, everything is going to be great !

Just for You

It doesn't matter how many times you fail;
what matters is how many times you stand up and try again.

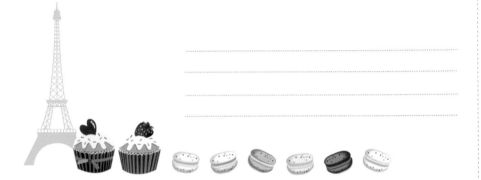

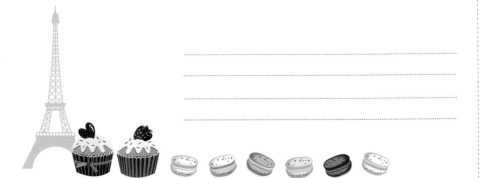